FRAGMENS.

JUPITER ET EUROPE,

Divertissement nouveau.

LES SATURNALES,

Entrée du Ballet des Fêtes Grecques & Romaines.

ZELIE,

Divertissement nouveau.

Representés devant le R O I, sur le Théatre
des petits Appartemens à Versailles.

Imprimés par exprès Commandement de
S a M a j e s t e'.

M. DCC. XLIX.

Les Paroles de Jupiter & Europe, & *celles des* Saturnales, *font du Sieur* FUSELIER.

La Mufique de Jupiter & Europe *eft des Sieurs* ***
& *Dugué, Ordinaire de la Mufique du Roi.*

Celle des Saturnales *eft du Sieur* COLIN DE BLAMONT, *Surintendant de la Mufique de la Chambre du Roi.*

Les Danfes font de la compofition du Sieur DEHESSE.

ORCHESTRE.

Clavecin,	Mr Ferrand.

Violoncelles,
{
Le Sr Jeliote,
Le Sr Labbé l.
Le Sr Chrétien,
Le Sr Picot,
Mr Duport,
Le Sr Antonio,
Le Sr Dubuiſſon.
}

Baſſons,
{
Mr le Prince de DOMBES,
Le Sr Marliere,
Le Sr Blaiſe.
}

Violes,
{
Mr de Dampiere,
Mr le Marquis de Sourches.
}

Flutes,
{
Mr de Buſſillet,
Le Sr Blavet.
}

Hautbois,
{
Le Sr Deſelles,
Le Sr Desjardins.
}

Violons, premiers-deſſus,
{
Le Sr Mondonville,
Le Sr Lalande,
Le Sr le Roux,
Mr de Courtaumer,
Le Sr Mayer.
}

Violons, ſeconds-deſſus,
{
Le Sr Guillemain,
Le Sr Marchand,
Le Sr Caraſſe l.
Mr Fauchet,
Mr Belleville.
}

Trompette, Le Sr Caraſſe c.

CHŒURS CHANTANS.

Côté du ROI.	Côté de la REINE.

Les D^{lles}

Les Dlles
De Selle, } Deſſus.
Canavas,

Les Dlles
Godoneſche, } Deſſus.
Daigremont,

Les Srs
Camus, } Deſſus.
Gerome,

Les Srs
Falco, } Deſſus.
Franciſque,

Le Begue, } Haute-Contres.
Poirier,

Bazire, } Haute-Contres.
Dugué,

Daigremont, } Tailles.
Cardonne,

Richer, } Tailles.
Tavernier,

Benoiſt,
Ducros, } Baſſes.
Dupuis.
Joguet.

Godoneſche,
Dubourg, } Baſſes.
Douſin,

Le Sieur DE BURY ſur le Théatre pour la conduite
du Spectacle.

JUPITER

ET

EUROPE,

Divertissement nouveau en un Acte.

ACTEURS.

JUPITER travesti. — *Monsieur le Marquis DE LA SALLE.*

EUROPE, Princesse, fille d'Agenor, Roi de Phenicie. — *Madame la Marquise DE POMPADOUR.*

PALÈS, Déesse protectrice des Bergers. — *Madame TRUSSON.*

PERSONNAGES DANSANS.

PREMIER DIVERTISSEMENT.

BERGERS & BERGERES.

Les Sieurs *la Riviere*, *Lepy*, *Beat*, *Gougis*, *Rousseau*.
Les Demoiselles *Puvigné*, *Camille*, *Dorfeuil*, *Marquise*.

DEUXIEME DIVERTISSEMENT.

GÈNIES sous la forme de différens Peuples modernes de l'Europe.

UN ESPAGNOL.

Monsieur le Marquis DE LANGERON.

DIFFERENTES NATIONS.

Le Sieur *Balleti*, la Demoiselle *Foulquier*.
Le Sieur *Barois*, la Demoiselle *Astraudi*.
Le Sieur *Piffet*, la Demoiselle *Chevrier*.
Le Sieur *Dupré*, la Demoiselle *Durand*.

JUPITER ET EUROPE.

Le Théatre repréfente un Bocage agréable fur le bord
de la Mer.

SCENE PREMIERE.

JUPITER, PALÈS.

PALÈS.

XPLIQUEZ-VOUS *enfin*, *puiffant Maître*
des Dieux ;
Pourquoi déguifez-vous votre Grandeur fuprême ?

JUPITER.

Jupiter en fecret foupire dans ces lieux ;
Europe eft la Beauté qu'il aime.

PALÈS.

La Fille d'Agenor ! Quoi ! si loin des climats
Où commande son Pere ?

JUPITER.

Sur ces bords chaque jour j'adore ses appas,
Et de ma vive ardeur j'y cache le mystere.
Pour transporter ici l'Objet qui m'a charmé,
Par l'ordre du Dieu de Cythere,
Je me suis transformé.

PALÈS.

Jupiter est toujours, quand le plaisir l'appelle,
Le plus habile des Amans,
S'il n'en est pas le plus fidelle.
Pour surprendre les vœux de cent Objets charmans,
Il emprunte à son gré quelque forme nouvelle :
On compte ses amours par ses déguisemens.

JUPITER.

Rien ne peut affoiblir la gloire

Des yeux charmans qui m'ont bleſſé :
Leurs regards chaque jour aſſurent leur victoire ;
C'eſt le trait le plus doux que l'Amour m'ait lancé.

PALÈS.

Le dernier trait que l'Amour lance
Paroît toujours le plus charmant,
Et l'éclat d'un feu qui commence
Frappe toujours plus vivement.
Le dernier trait que l'Amour lance
Paroît toujours le plus charmant.

JUPITER.

Europe ne ſçait pas encore
Que c'eſt Jupiter qui l'adore,
Elle m'en croit le Confident ;
Je tâche ſous ce nom d'appaiſer ſa colere :
Du plus puiſſant des Dieux l'amour le plus ardent
Rencontre enfin une Beauté ſevere.

PALÈS.

Votre fidélité peut-elle être ſincere ?
Vous ne voulez donc plus,

B

Par vôtre humeur légere,
Offenfer le Fils de Venus?

JUPITER.

En prenant de l'Amour tous les fers qu'il nous donne,
Pouvons-nous jamais l'offenfer?
L'inconftance ne doit bleffer
Que les appas qu'elle abandonne.
Europe vient . . . . Je veux l'obferver un inftant.

PALÈS.

Il faut la voir toujours pour vous croire conftant.

SCENE SECONDE.

EUROPE.

Amour, quand du Deftin j'éprouve la rigueur,
La tienne feulement me fait verfer des larmes;
Quel moment choifis-tu pour enflammer mon cœur?
Faut-il que de tendres allarmes
Suspendent ma jufte douleur?
Ma foibleffe aujourd'hui redouble mon malheur,

Et cependant, hélas ! elle a pour moi des charmes.

Amour, quand du Destin j'éprouve la rigueur,
La tienne seulement me fait verser des larmes ;
Quel moment choisis-tu pour enflammer mon cœur ?

SCENE TROISIEME.

EUROPE, JUPITER.

JUPITER.

C'En est trop, cruelle Princesse.
O Ciel ! l'ai-je bien entendu ?
Quoi ! votre cœur à l'Amour s'est rendu ?
En vain pour Jupiter je vous parlois sans cesse.
Que dirai-je pour lui dans ce moment fatal ? . . .
Le plus puissant des Dieux vouloit votre tendresse,
Et vous lui donnez un Rival ?

EUROPE.

Ce Dieu s'occupe moins à plaire qu'à surprendre ;
Il est trop inconstant pour toucher un cœur tendre.

C'est rarement qu'on s'attache au Vainqueur

Qui ne sçait pas garder une conquête :
On doit se défier d'une legere ardeur
　　Qu'à s'éteindre on voit toujours prête.
C'est rarement qu'on s'attache au Vainqueur
Qui ne sçait pas garder une conquête.

J U P I T E R.

Jupiter vous offroit de fidéles soupirs....
Vous outragez sa flamme, en trompant ses desirs.

E U R O P E.

Ce n'est que par vos soins qu'il prouve sa constance,
Je ne connois de lui qu'une mortelle offense ;
Et depuis que pour moi ses feux ont éclaté,
Après m'avoir ravie aux lieux de ma naissance,
Le premier des présens que m'a fait sa puissance,
　　C'est la captivité.

J U P I T E R.

Ingrate ! pouvez-vous appeller esclavage
　　Le plus brillant hommage
Que pourroit recevoir une Divinité ?

La grandeur en tous lieux n'étend pas son empire ;

Rien ne borne jamais celui de la beauté :
Et tout ce qui respire ,
D'obéir à ses loix fait sa félicité.

La grandeur , &c.

EUROPE.

L'empire de la beauté
Coûte souvent cher aux Belles ;
Et cent disgraces cruelles
Troublent la félicité
Des Amans les plus fidelles.
Souvent on fait trop acheter aux Belles
L'empire de la beauté.

On entend un prélude d'une Fête champêtre.

JUPITER.

L'ordre de Jupiter assemble sous l'ombrage
Les heureux Habitans des Hameaux d'alentour :
Daignez les écouter ; des Sujets de l'Amour
Ils parlent le plus doux langage.

SCENE QUATRIEME.

PALÈS, BERGERS ET BERGERES.

Les Bergers & les Bergeres entrent en dansant.

PALÈS.

Fiers Aquilons, Vents orageux,
Qu'Eole tient à peine en ses grottes profondes,
Laissez en paix le sein des Ondes ;
Gardez-vous de troubler nos jeux.

Et vous, tendres Amours, volez dans ces retraites;
Regnez sur tous les Cœurs ;
Les maux que vous nous faites,
Sont remplis de douceurs.
Fiers Aquilons, &c.

On danse.

PALÈS.

Les plaisirs que l'Amour donne
Sont les plus doux des plaisirs;
L'objet des tendres desirs

Est plus cher qu'une Couronne :
Laissez-vous enflamer ;
C'est regner que d'aimer.

On danse.

PALÈS.

Dans le sein de la grandeur
On peut être Amant sincere ;
Et quoiqu'assuré de plaire ,
Brûler d'une tendre ardeur.
Dans le sein de la grandeur
On peut être Amant sincere ,
Et Berger par le cœur.

On danse.

PALÈS.

Belle Princesse , enfin cessez d'être inhumaine :
Un Dieu brûle pour vous , cedez à ses desirs ;
C'est de l'Amour qui l'enchaîne
Que doivent naître vos plaisirs.

LE CHŒUR reprend.

C'est de l'Amour , &c.

❋❋❋❋❋❋❋❋❋❋❋❋❋❋❋❋❋❋❋❋❋

SCENE CINQUIEME.

JUPITER, EUROPE, LES BERGERS.

Les Bergers se retirent.

JUPITER.

Vous écoutiez leurs chants avec indifférence ;
Je vois ce qui vous rend ce séjour odieux ;
Princesse, d'un Amant vous y pleurez l'absence.

EUROPE.

Non, il n'est point d'objet éloigné de mes yeux,
De qui mon cœur ici regrette la présence.

JUPITER.

Vous prétendez en vain dissimuler.
Jupiter est trahi… Son Rival doit trembler…
Alecton volera des rives du Cocite,
Pour lui porter les coups du plus affreux trépas…
Non, pour punir son crime autant qu'il le mérite,
Le tonnerre ne suffit pas.

EUROPE.

Quel funeste transport !

JUPITER.

Vous frémissez, Cruelle !
Votre cœur éperdu laisse échaper ses feux :
Jupiter trouvera ce Rival trop heureux ;
Je cours le découvrir...

EUROPE l'arrêtant.

Quelle peine mortelle !
Arrêtez...

JUPITER voulant partir.

C'en est fait.

EUROPE l'arrêtant encore.

Barbare... Hélas ! c'est vous
Que vous allez livrer à Jupiter jaloux.

JUPITER.

Qu'entens-je ! Quel aveu ! Vous m'aimez ?

EUROPE.

Je vous aime.

C

Tandis que votre bouche, avec un soin extréme,
Pour un autre que vous me demandoit mon cœur,
Vos yeux toujours remplis d'une tendre langueur,
    Me le demandoient pour vous-même.

J U P I T E R.

Tous mes vœux sont comblés.

E U R O P E.

        Votre transport m'apprend
  Que le même nœud nous engage...
  Que n'êtes-vous indifférent.
Vous êtes trop charmé pour cacher l'avantage
Que mon cœur aujourd'hui vous laisse remporter.
Jupiter va sur vous faire éclater sa rage ;
    Je commence à la redouter.

J U P I T E R.

Ah ! mon parfait bonheur est marqué dans vos craintes,
Et je voudrois jouir plus long-temps de vos plaintes,
    Si ces momens pour moi si doux
    N'étoient pas trop cruels pour vous.
Apprenez des plaisirs que vous avez fait naître.

Jupiter ne doit rien à son rang glorieux,
Et vous l'avez rendu le plus heureux des Dieux,
   Sans sçavoir qu'il en fût le maître.

EUROPE.

   O Ciel ! que mon sort est charmant ?
Vous êtes Jupiter ?

JUPITER.

   Et Jupiter fidelle.
Vos yeux seuls pouvoient faire un si doux changement.

JUPITER & EUROPE.

JUPIT. *Je brûlerai pour vous d'une flamme immortelle.*
EUR. *Brûlerez-vous pour moi d'une flamme immortelle ?*
JUPITER. *Oui , je vous le promets.*

ENSEMBLE. { *Amour, ne romps jamais*
{ *Une chaîne si belle.*

JUPITER.

   Que l'avenir même partage
Le soin de célébrer l'excès de mon amour ;
Qu'on trace aux yeux d'Europe une brillante image
C ij

Des Peuples que son nom doit rassembler un jour.

Dans ces climats fameux la Seine aura la gloire

De fixer sur ses bords la volage Victoire.

Un Monarque chéri, modéle des Guerriers,

    Par ses vertus embellira son Thrône :

Ce généreux Héros doit cueillir cent lauriers,

    Sans en vouloir une Couronne.

Le Bocage est embelli par les figures des principaux
Fleuves de l'Europe.

SCENE SIXIEME.

JUPITER, EUROPE, GENIES
sous la forme de différens Peuples qui doivent
habiter l'Europe.

Marche des Génies.

LE CHŒUR.

SUr ce tranquile Rivage,
Jouissez des plaisirs de la Terre & des Cieux :
C'est peu que les Mortels vous rendent leur hommage ;
Vous méritez celui des Dieux.

On danse.

EUROPE.

Amour, volez, regnez avec la Paix ;
Augmentez ses douceurs, en y mêlant vos charmes ;
Que ces bords enchantés n'éprouvent plus d'allarmes ;
Qu'on n'y craigne plus que vos traits :
Dieu des Cœurs, les plaisirs suivent toujours vos larmes.
Amour, volez, &c.

On danse.

LE CHŒUR reprend.

Sur ce tranquile Rivage,
Jouissez des plaisirs de la Terre & des Cieux :
C'est peu que les Mortels vous rendent leur hommage,
Vous méritez celui des Dieux.

LES SATURNALES.

Le Théatre repréſente les Jardins de la Maiſon de Campagne de Mecene, ornés pour la Fête.

SCENE PREMIERE.

DELIE, PLAUTINE.

PLAUTINE.

’ESCLAVE *qui toujours ſe préſente à vos*
yeux,
Quoi ! le fidéle Arcas eſt le tendre Tibule ?

DELIE.

Oui, le feu qui pour moi le brûle,
Sous ce déguiſement l’attire dans ces lieux.
C’eſt un effet de ſa délicateſſe.

D

ACTEURS.

DELIE. *Madame la Duchesse* DE BRANCAS.

PLAUTINE, Suivante de Delie, travestie en Bergere. *Madame* DE MARCHAIS.

TIBULE. *Monsieur le Chevalier* DE CLERMONT.

PERSONNAGES DANSANS.

ESCLAVES TRAVESTIS
Sous les habits de leurs Maîtres, & sous diverses autres formes.

M. le Marquis DE COURTANVAUX.

Le Sieur *la Riviere*, la Demoiselle *Puvigné.*
Le Sieur *Beat*, la Demoiselle *Camille.*
Le Sieur *Lepy*, la Demoiselle *Marquise.*
Le Sieur *Gougis*, la Demoiselle *Dorfeuil.*
Les Sieurs *Dupré*, *Barois*, *Piffet*, *Balleti.*
Les Demoiselles *Chevrier*, *Astraudi*, *Durand*, *Foulquier.*

LES
SATURNALES,

ENTRÉE DU BALLET

DES FÊTES GRECQUES

ET ROMAINES.

Avant de laisser voir l'excès de son ardeur,
Il vouloit pénetrer le secret de mon cœur :
Résolu d'immoler sa flamme à ma tendresse,
Si ses soins d'un Rival découvroient le bonheur.

PLAUTINE.

Aujourd'hui de Saturne on célébre la Fête ;
De ces temps fortunés on sçait les douces loix ;
L'Esclave, égal au Maître, en possede les droits.
Le Chagrin fuit, la Colere s'arrête,
Le Tibre sur ses bords revoit la liberté ;
Tibule en aura profité ?

DELIE.

Il se croit inconnu. Le transport qui l'enflame,
Conduit par le respect, se cache dans son ame.

PLAUTINE.

Que l'on perd de doux instans,
Lorsque l'on suit trop long-temps
Le respect toujours timide !
C'est un guide
Qui n'enseigne pas aux Amours

Les chemins les plus courts.
Mais que craint votre Amant? On diroit qu'il ignore
De qui dépend la main de l'Objet qu'il adore.
Qu'il s'explique à Mecene, il verra près de lui
Apollon à l'Amour accorder son appui.

DELIE.

L'Amour ne veut devoir son bonheur qu'à lui-même.

PLAUTINE.

Eh, comment sçavez-vous que Tibule vous aime?

DELIE.

Conduite par le sort dans un Bois écarté,
J'ai, sans être apperçue, éclairci ce mystere.
Tibule, soupirant au bord d'une onde claire,
    N'y pensoit pas être écouté:
J'ai sçu dans ces beaux lieux le prix d'un cœur sincere.

PLAUTINE.

Je ne m'étonne plus si votre empressement
    Vous y ramene à tout moment.

D ij

DELIE.

Dans ces Jardins charmans Flore enchaîne Zéphire.
Quel aimable séjour
Pour un cœur qui soupire !
Un Printemps éternel y regne avec l'Amour.

Sous ces Arbres, témoins de mon bonheur suprême,
A chaque instant je puis trouver
Le plaisir de voir ce que j'aime,
Ou du moins celui d'y rêver.

Dans ces Jardins, &c.

Appercevant TIBULE.

Mais Tibule paroît ; éprouvons sa constance
Par une feinte confidence.

SCENE SECONDE.

DELIE, PLAUTINE, TIBULE
déguisé en Esclave sous le nom d'ARCAS.

TIBULE à part, sans voir DELIE.

MEcene dans ce jour, près d'Auguste arrêté,

Laisse ma flamme en liberté...

Appercevant DELIE.

Je vois Delie. Allons... O Ciel! que vais-je faire?

Loin de l'Objet qui m'a sçu plaire,

Mon cœur se croit toujours assez audacieux,

Pour hazarder l'aveu de ma flamme sincere:

Mais quand cette Beauté se présente à mes yeux,

Le respect me force à me taire.

Amour, puissant Amour, sers les Amans discrets.

DELIE à PLAUTINE.

Je vais faire éclater ses sentimens secrets.

à TIBULE.

Venez, Arcas, venez, j'ai remarqué le zéle
Qui sur mes pas vient toujours vous offrir.

TIBULE.

Il n'en est pas de plus fidéle.

DELIE.

Pour prix de votre foi, je veux vous découvrir
Ce qui se passe dans mon ame.

TIBULE à part.

Quel redoutable instant ! Que je crains pour ma flame !

DELIE.

Mon cœur dans un projet attend votre secours.

TIBULE.

Je sçaurai, s'il le faut, vous immoler mes jours.

DELIE.

Arcas, vous allez moins payer ma confiance.

TIBULE.

Parlez... Vous balancez.... Ah ! c'est trop differer.

DELIE.

Eh bien, il faut me déclarer ;
J'aime à voir votre impatience.

Je méprisois l'Amour, je fuyois ses plaisirs,
Et je bornois tous mes desirs
A la tranquile indifférence.
En soumettant mon cœur à sa douce puissance,
L'Amour croit s'être bien vengé :
Je l'aurois plutôt outragé,
Si j'avois prévu sa vengeance.

TIBULE à part.

Quel trouble affreux vient me saisir !

à DELIE.

Vous aimez donc ? L'Amour aura sçû vous choisir
Un Amant digne de vous plaire ?

DELIE.

Le Dieu qui regne dans Cythere,
Est le plus éclairé des Dieux :
L'aimable choix qu'il m'a fait faire,
Prouve bien qu'il n'a pas un bandeau sur les yeux.

Que pour moi dans ce jour votre zéle s'empresse :
C'est à vous seul, Arcas, d'achever mon bonheur :
     Vous connoissez l'Objet de ma tendresse ;
Nul ne peut mieux que vous m'assurer de son cœur.

TIBULE.

     Quelle cruelle confidence !
Ah ! ne l'achevez pas ; cessez de m'accabler,
Ou mon funeste amour va rompre le silence...

DELIE.

Arcas aime Delie, & l'ose reveler !
Mais Saturne & la Fête excusent votre offense ;
     Gardez-vous de la redoubler.

TIBULE.

     Vous ignorez quel est l'Amant sincere
A qui vous refusez jusqu'à votre colere.
Quel que soit le destin de mes tendres soupirs,
Je veux brûler pour vous d'une flamme éternelle ;
Je suspens mes regrets, je contrains mes desirs ;
Hélas ! sans être heureux, je sçais être fidelle.

DELIE.

Parlez-moi de l'Amant qui soumet ma fierté ;
    Ce discours cent fois répeté
    Charmera mon amour extrême.
Lorsque d'un tendre cœur on veut être écouté,
Il faut ne lui parler que de l'Objet qu'il aime.

TIBULE à part.

Je ne puis plus souffrir un si cruel tourment ;
Fuyons.

DELIE.

    Restez, Arcas ; c'est en vous que j'espere ;
Je ne pourrois sans vous voir ici mon Amant :
Mécene favorable à notre ardeur sincere,
Veut bien-tôt nous unir par un hymen charmant.

TIBULE.

C'en est trop, le respect cede enfin à la rage :
Cruelle, terminez un aveu qui m'outrage...

    Delie le regarde d'un air riant.

O Ciel ! vous insultez à ma vive douleur ;
Mon désespoir augmente, un nouveau feu me brûle.

E

Craignez que je n'immole à ma juste fureur
Le trop heureux Objet de votre tendre ardeur...

DELIE.

 Pourrez-vous immoler Tibule ?

TIBULE.

L'ai-je bien entendu ! Quel nom prononcez-vous ?

DELIE.

C'est le nom de l'Objet de mes vœux les plus doux.

TIBULE.

Qu'entens-je ! Ciel ! quel prix de ma persévérance !
Non , jamais l'espérance
N'auroit osé le promettre à mon cœur...
Ah ! deviez-vous si tard m'apprendre mon bonheur

DELIE.

Nos feux sont approuvés : tout remplit notre attent

TIBULE & DELIE.

Aimons-nous , aimons-nous , & qu'une ardeur const
Enflamme à jamais nos desirs.

On entend un prélude qui annonce la Fête
des Saturnales.

TIBULE.

On vient des temps heureux chanter la paix charmante ;
Puisse-t-elle toujours regner dans nos plaisirs !

SCENE TROISIEME.

DELIE, TIBULE, PLAUTINE, BERGERS, BERGERES, ESCLAVES déguisés.

La Ferme s'ouvre ; les Jardins de Mécene
paroissent illuminés.

LE CHŒUR.

Chantons, chantons cent & cent fois ;
Echos, répondez-nous ; répondez à nos voix :
Chantons dans ces belles Retraites.
Saturne, entens-nous dans les Cieux.
Que les Hautbois, que les Musettes
Célébrent le Modéle & des Rois & des Dieux.

On danse.

E ij

PLAUTINE en Bergere.

De nos Bocages
Fuyez les ombrages,
Vous qui ne connoissez que l'éclat de la Cour.
De nos Bocages
Fuyez les ombrages ;
Nous n'offrons dans nos Bois de l'encens qu'à l'Amour.
Charmant Séjour,
Dans ce beau jour,
Bannissez les Volages.
Oiseaux , sous ces feuillages,
Charmez tour à tour
Par vos ramages
Les Echos d'alentour.

De nos Bocages, &c.

On danse.

PLAUTINE.

Lorsque l'Innocence
Guidoit les Amours,
La tendre Constance

Les suivoit toujours.
Tous les cœurs tranquilles
Ne faisant qu'un choix,
Aimoient dans les Villes
Comme dans les Bois.

On danse.

PLAUTINE.

O temps heureux, où la Terre & l'On.de
Dans une paix profonde
Se trouvoient toujours !
Dans nos champs, les Amours
S'expliquoient sans détours :
Leur loi suprême
Régloit tous nos pas.
O temps heureux ! lorsqu'on ne disoit point, J'aime,
Quand on n'aimoit pas.

Dans nos Bocages,
Sous leurs verds ombrages,
Il n'est point d'autre Cour
Que celle de l'Amour.

La douce paix
Regne à jamais.

Dans ces belles Retraites,
Nos voix & nos Musettes
Chantent ses attraits ;
Nos amourettes
Ressentent ses bienfaits.

Dans nos Bocages,
Sous leurs verds ombrages,
Rien ne trouble la Cour
Et les vœux de l'Amour.

Point de tourmens,
Jamais d'envie,
Point de jalousie,
Dans ces lieux charmans.
O l'heureuse vie !
Ménageons-en tous les momens.

Dans nos Bocages,
Sous leurs verds ombrages,
Les Jeux seuls font la Cour,
Que rassemble l'Amour.

LE CHŒUR.

Chantons, chantons cent & cent fois, &c.

ZELIE,

DIVERTISSEMENT NOUVEAU

En un Acte.

ACTEURS.

ZELIE, Nymphe de la Suite de Diane.　　Madame la Marqui DE POMPADOU

LINPHÉE, Sylvain.　　Monsieur le D D'AYEN.

L'AMOUR.　　Madame DE MARCHAI

SUITE DE L'AMOUR.

NYMPHES DES BOIS, FAUNES & SYLVAIN

PERSONNAGES DANSANS.

PLAISIRS.

Monsieur le Marquis DE COURTANVAUX.

Les Sieurs Dupré, Balleti, Barois, Marcadet.

Les Demoiselles Foulquier, Astraudi, Durand, Dorfe

LES GRACES.

Les Demoiselles Puvigné, Camille, Chevrier.

UN AMOUR.

Le Sieur Piffet.

FAUNES.

Les Sieurs la Riviere, Beat.

NYMPHES.

Les Demoiselles Puvigné, Camille.

AUTRES FAUNES.

Les Sieurs Gougis, Rousseau, Lepy, Berterin.

ZELIE.

Le Théatre repréſente une Forêt.

SCENE PREMIERE.

ZELIE.

Heureuse liberté, dont j'étois ſi contente,
Faut-il vous perdre pour jamais,

J'accompagnois Diane au milieu des Foréts;
Mon ame indifférente
Croyoit y fuir l'Amour & braver ſes attraits:
Je vis Linphée, & ſon ardeur conſtante
De mon cœur vint troubler la paix.

Heureuſe liberté, dont j'étois ſi contente,
Faut-il vous perdre pour jamais?

Mais je vois l'Amant que j'adore;

F

Si je ne puis éteindre dans mon cœur
Le feu cruel qui le dévore,
Cachons du moins mon trouble à mon Vainqueur.

SCENE SECONDE.

ZELIE, LINPHÉE.

LINPHÉE.

Nymphe, dans cet asile
Qui peut vous attirer?
Votre cœur tranquile
Ignore le plaisir qu'on goûte à soupirer.
Ces Bois épais, & leur silence,
Ne doivent plaire qu'à l'Amour;
Et le charme de ce séjour
N'est pas fait pour l'indifférence.

ZELIE.

Libre de crainte & de desirs,
Mon cœur ne connoît point de chaînes;
Et comme l'amour a ses peines,
L'indifférence a ses plaisirs.

L I N P H É E.

Vous êtes de l'Amour le plus parfait ouvrage,
Vous enchaînez sous ses loix tous les cœurs ;
Quand tout cede par vous au plus doux des Vainqueurs,
Lui pouvez - vous refuser votre hommage ?

Z E L I E.

De la liberté
La tranquilité
Est l'heureux partage ;
Un cœur qui s'engage
Est trop agité :
Je crains l'Amour, je fuis son esclavage ;
Je n'ai jamais mieux senti l'avantage
De la liberté.

L I N P H É E.

Quand votre cœur résiste au charme
D'un Dieu dont tout sent les appas,
C'est moins l'Amour qui vous allarme,
Que l'Amant qui ne vous plaît pas.
Vous voyez sans pitié le feu qui me dévore ;

F ij

Mais, malgré mes vœux méprisés,
Mon cœur chérit encore
Le tourment que vous lui causez.

ZELIE.

Cessez une plainte inutile,
Cherchez à triompher d'un amour malheureux;
Mon ame, si je puis, sera toujours tranquile;
Epargnez des discours qui nous gênent tous deux,
Evitez de me voir.

LINPHÉE.

Eh! le pourrai-je, Ingrate?
En vain votre mépris éclate,
En vain vous m'accablez d'une injuste rigueur;
Ne vous point voir est mon plus grand malheu.
Vos yeux ont fait mes maux, vos yeux seuls les soulage
J'adore leurs appas en craignant leur courroux;
Et mon cœur, que l'amour & le dépit partagent,
Redoute de vous voir, & ne cherche que vous,

Serez-vous insensible à l'amour le plus tendre?
Vous détournez les yeux! Vous ne m'écoutez pas!

ZELIE.

Je souffre trop à vous entendre.

LINPHÉE.

Vous me quittez....

ZELIE.

Ne suivez point mes pas.

❈❈❈❈❈❈❈❈❈❈❈❈❈❈❈❈❈❈

SCENE TROISIEME.

LINPHÉE.

ELle fuit, la Cruelle !

Toi qui cause mes maux, tu peux seul les guérir ;
Vole, Amour, vien me secourir ;
Triomphe d'un cœur rebelle,
Lance tes traits pour l'attendrir.

Mais ces concerts m'annoncent sa présence ;
Ce Dieu daigne écouter ma voix ;
Je sens naître l'espérance
Pour la premiere fois.

L'Amour descend des Cieux sur un Trône brillant ,
environné des Graces , des Plaisirs , des Ris & des Jeux.

SCENE QUATRIEME.

L'AMOUR, Suite de l'Amour, LINPHÉE.

L'AMOUR.

JE viens récompenfer tes feux & ta conftance ;
Livre ton cœur au plus flateur efpoir.
Diane trop long-temps a bravé ma puiffance ;
Que tout ce qui la fert éprouve mon pouvoir :
En comblant tes defirs, j'exerce ma vengeance.

Tendres Soins, Plaifirs enchanteurs,
Vous qui fuivez toûjours mes traces,
Accourez, conduifez les Graces,
Uniffez vos attraits vainqueurs.

Entrée des Graces & des Plaifirs.

L'AMOUR.

Servez un Amant fidelle,
Par vos charmes puiffans qu'il triomphe en ce jour
D'une Nymphe cruelle ;

Qu'elle apprenne à son tour
Que tout cede à l'Amour.

LE CHŒUR.

Servons un Amant fidelle,
Par nos charmes puissans qu'il triomphe en ce jour
D'une Nymphe cruelle ;
Qu'elle apprenne à son tour
Que tout cede à l'Amour.

La Suite de l'Amour compose, en dansant, une Guirlande enchantée. A la fin du Divertissement on présente la Guirlande à Linphée : le Trône sur lequel l'Amour est descendu, disparoît.

L'AMOUR.

Reçoi cette Guirlande,
D'aimables Enchanteurs viennent de la former ;
A son charme invincible il faut qu'un cœur se rende :
La Beauté qui sçut t'enflammer
Va ressentir l'effet de sa puissance.

LINPHÉE.

Dieu charmant, tes faveurs égalent mes souhaits.

L'AMOUR.

L'Amour ne veut de ta reconnoiſſance,
Que l'uſage de ſes bienfaits.

Il ſort avec ſa Suite.

SCENE CINQUIEME.

LINPHÉE.

DE l'aimable Objet qui m'enchante
Je vais enfin toucher le cœur :
Que pour mon ame impatiente
Tous les momens ont de lenteur !

Elle paroît, & ſa préſence
De mille attraits vient embellir ces lieux.
Pardonne, Amour, ſi malgré ta puiſſance,
Je tremble encore en voyant ſes beaux yeux.

SCENE SIXIEME.

LINPHÉE, ZELIE.

ZELIE, sans voir LINPHÉE.

JE combats vainement le penchant qui m'entraine ;
J'appelle à mon secours la raison, le devoir ;
Contre Linphée ils n'ont plus de pouvoir.
L'Amour, malgré moi, me ramene
Dans les lieux où je puis le voir.
Je l'apperçois ; fuyons.

LINPHÉE.

Arrêtez, Inhumaine ;
Que craignez-vous d'un amour malheureux ?

ZELIE.

Je crains un Amant dangereux.

LINPHÉE.

Ah ! du moins d'un regard adoucissez ma peine.

G

Z E L I E.

Il diroit plus que je ne veux.
Laiſſez - moi fuir.

L I N P H É E.

Arrêtez, Inhumaine ;
Non, vous me haïſſez.

Z E L I E.

Quel reproche, grands Dieux !
Liſez vous-même dans mes yeux,
Croyez-vous y voir de la haine ?

L I N P H É E.

Du plus fidéle Amant partagez-vous les feux ?

Z E L I E.

J'éprouvois un cruel martyre
A cacher le ſecret qui vous eſt découvert :
Jugez de ce que j'ai ſouffert,
Par le plaiſir que j'ai de vous le dire.

LINPHÉE à part.

Don fatal ! Eh , ce n'est qu'à vous
Que je dois un aveu si doux.

ZELIE.

Dieux ! D'où naît cette indifférence ?
Vous vous troublez.... Vous gardez le silence...
    Quoi ! l'aveu de mes feux ,
Quoi ! mon amour n'a plus rien qui vous flate ?

LINPHÉE.

Hélas ! plus cet amour éclate ,
Et plus il me rend malheureux.

ZELIE.

Qu'entens-je ! De mon cœur quand je t'ai rendu maître ,
Quand ma flamme à tes yeux ne craint plus de paroître ,
    Ton froid dédain ne peut se déguiser !
    N'étoit-ce donc que pour la mépriser ,
    Que tu brûlois , Ingrat , de la connoître ?

LINPHÉE.

Ah ! voyez à la fois mon crime & mes remords.

Cet aveu charmant, ces transports,

Sont l'effet d'un charme invincible:

Ces fleurs ont le pouvoir de rendre un cœur sensible.

Mais peut-on goûter un bonheur

Qu'on ne doit pas à ce qu'on aime?

En jettant la Guirlande.

Je renonce à ce bien si cher à mon ardeur,

Si je ne puis l'obtenir de vous-même.

Le charme cesse d'agir sur ZELIE.

Z E L I E.

Où suis-je? Qu'ai-je dit? Quelle foiblesse extrême!

Ah! pour jamais je dois vous fuir.

L I N P H É E.

Non, laissez-moi vous voir pour me punir.

Votre cœur un instant a partagé ma flamme;

Dans vos beaux yeux, par l'Amour attendris,

J'ai lû le bonheur de mon ame;

Je n'y verrai que des mépris;

Je perds un bien dont j'ai connu le prix.

Mais l'Amour seul a fait le crime,

L'Amour ne peut-il l'excuser ?
Ah ! si rien ne peut appaiser
Le courroux qui vous anime,
Plaignez du moins les maux qui me sont réservés.

Z E L I E.

Hélas !

L I N P H É E.

Vous soupirez...

Z E L I E.

Ah ! Linphée...

L I N P H É E.
Achevez.

Z E L I E.

Je devrois punir une offense
Que je pardonne à l'excès de vos feux.
Quand l'Amour m'a forcée à rompre le silence,
Il nous servoit également tous deux.
Un charme vous a fait connoître
Les sentimens de mon cœur amoureux,
Mais vous seul les aviez fait naître.

E N S E M B L E.

Amour, lance tes traits vainqueurs !

Qu'il eſt doux de porter tes chaînes !
Qu'un ſeul moment de tes douceurs
Récompenſe bien de tes peines !

L I N P H É E.

Habitans de ces lieux tranquiles ,
Faunes , Sylvains , accourez à ma voix.

Z E L I E.

Nymphes de ce ſéjour , Divinités des Bois ,
Abandonnez vos doux aſiles.

E N S E M B L E.

Avec nous de l'Amour venez chanter les loix.
Entrée des Divinités des Bois.

S C E N E S E P T I E M E.

LINPHÉE, ZELIE, Divinités des Bois
qui arrivent en danſant.

L I N P H É E.

CElebrez la victoire
Du plus charmant des Dieux ;

Que dans vos chants harmonieux
Son triomphe & sa gloire
Retentissent jusques aux Cieux.

LE CHŒUR.

Célébrons la victoire
Du plus charmant des Dieux;
Que de nos chants harmonieux
Son triomphe & sa gloire
Retentissent jusques aux Cieux.

SCENE HUITIEME.

LES ACTEURS de la Scéne précedente,
L'AMOUR ET SA SUITE.

L'AMOUR.

J'Aime à voir éclater votre reconnoissance.

Que tout ressente dans ces lieux
Les doux plaisirs qu'inspire ma présence.
Regnez tendres Amours, brillez aimables Jeux;

C'eſt en rendant les cœurs heureux,
Que je me plais à montrer ma puiſſance.

On danſe.

Z E L I E.

Les traits que l'Amour lance
Sont toujours des traits vainqueurs ;
Il regne ſur tous les cœurs ;
Pourquoi lui faire réſiſtance ?
Cedons au plus puiſſant des Dieux ;
L'effort qu'on fait pour ſe défendre,
Ne ſert qu'à rendre
Son triomphe plus glorieux.

On danſe.

F I N.